FORTUNE DU DESTIN

ou

L'AVENIR DÉVOILÉ

PAR

EDMOND

(Bureau de la rue Notre-Dame-de-Lorette St. Georges, 30, à Paris)

En vente chez l'auteur

PARIS

IMPRIMERIE LACOUR ET COMP.
Rue Soufflot, 16

1854

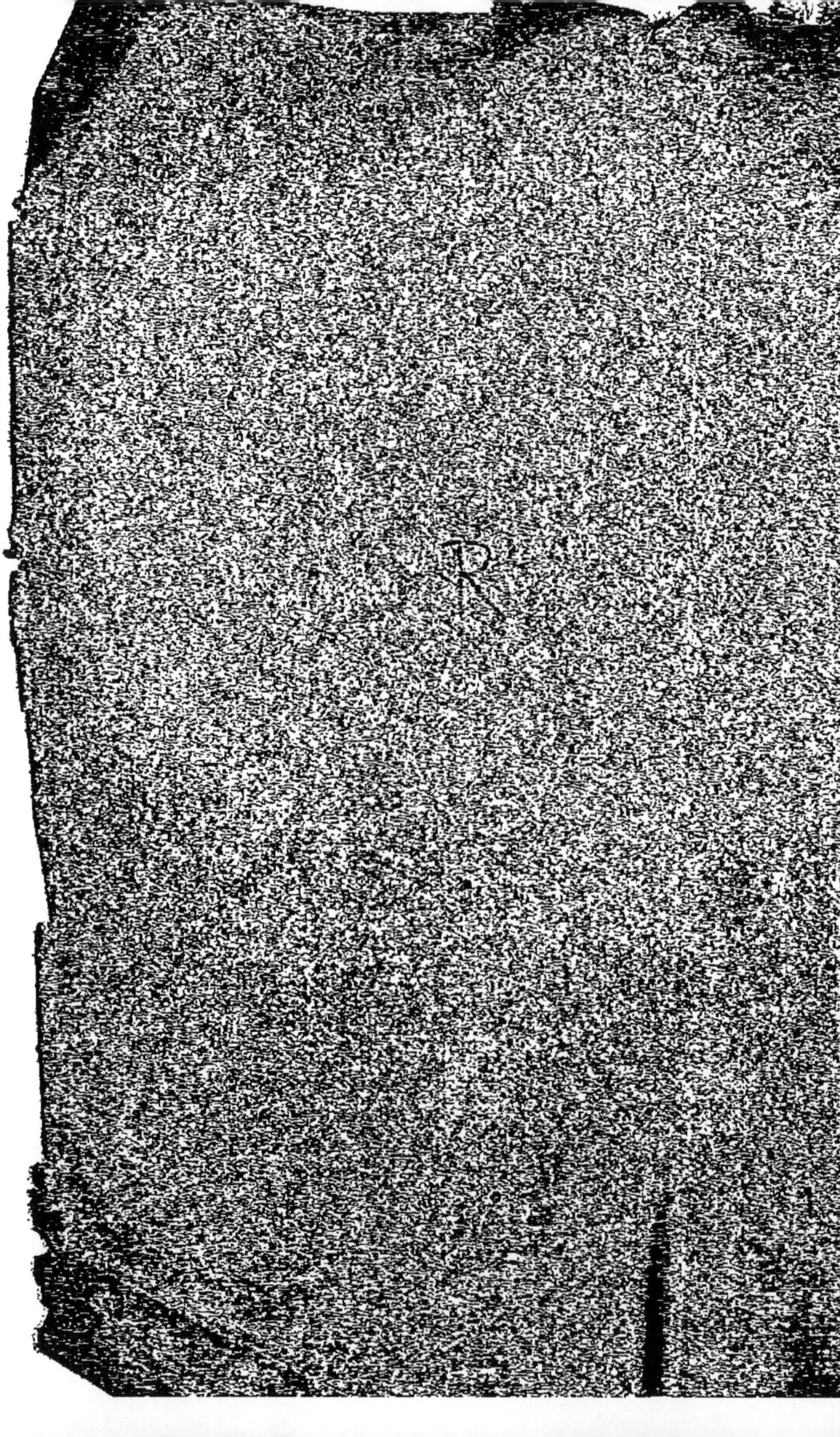

L'URNE DU DESTIN

OU

L'AVENIR DÉVOILÉ.

L'URNE DU DESTIN

OU

L'AVENIR DÉVOILÉ

PAR

EDMOND,

Ermite de la rue Fontaine St-Georges, 30, à Paris.

L'avenir occupe l'homme principalement ;
c'est ce qui le distingue de la bête.

—o-o-o—

En vente chez l'auteur.

————————

PARIS

IMPRIMERIE LACOUR ET COMP.
Rue Soufflot, 16.

——

1854

A MES LECTEURS.

Trop prévenu peut-être en faveur de mon ouvrage, j'ose me flatter d'avance qu'il sera favorablement accueilli du public, et que les amateurs des sciences occultes y prendront quelque intérêt; c'est à eux que je l'ai consacré, il est juste qu'il leur doive sa fortune; et si je ne l'eusse pas crû digne d'être distingué de la foule des productions de ce genre, je ne me fusse jamais occupé de son exécution. Le goût que j'eus dès mon enfance pour la divination, et les progrès rapides que je fis dans cet art, me valurent le titre d'habile nécromancien.

Jaloux de l'acquérir, je ne m'étais occupé longtemps que des découvertes relatives à ces sciences , et, jaloux de le conserver, j'ai fait jusqu'à ce jour de la cartomancie et de l'astrologie presque mon unique occupation. Ce goût, ou plutôt cette passion, pour des sciences futiles en apparence, et pourtant si sublimes puisqu'elles ont pour objet le bonheur des hommes, me fit arriver à un but certain après avoir surmonté bien des obstacles. Comme je parais devant un public indulgent, à qui je désire inspirer de la confiance, je me propose, dans cet ouvrage, de lui faire part du fruit de mes recherches, et des observations que m'ont permis de faire et mes études et mes expériences. Je veux que les premiers traits, que ma plume fasse en ce genre, ne laissent rien à désirer au lecteur, et que du premier coup d'œil il soit instruit des secrets renfermés dans l'*Urne du destin.* Qu'on ne s'attende point à trouver dans ce que j'écris de ces digressions éloquentes, de ces phrases qui, par la richesse de leur style, laissent oublier au lecteur le sujet qu'elles traitent; non, du simple, du laconique et de la foi, c'est ainsi que je m'explique. Je ne crains pas qu'on m'accuse d'avoir calqué ceux qui ont traité cet objet avant moi, ni d'en avoir perpétué les abus, car l'expérience est un guide qui ne souffre point qu'on s'écarte : et puisqu'elle a tout dicté à ma plume attentive, elle s'est sans doute rendu garante de toutes ses descriptions.

Indulgent et spirituel lecteur ou lectrice, je serai heureux si je puis, par mon travail, vous être utile et vous inspirer de la confiance ; consultez-moi souvent, et j'en augurerai que l'*Urne du destin* m'aura montré l'avenir sous un aspect favorable.

FRAGMENT

sur la science divinatoire.

—

LA DIVINITÉ.

A cette pensée sublime, l'imagination de l'homme s'exalte ; convaincu de son infériorité, il n'envisage qu'avec incertitude et respect cette image majestueuse dont la puissance l'étreint et l'enveloppe de toute part, à laquelle, en dépit de sa volonté et de son orgueil, il obéit en humble esclave, et dont chacun de ses actes ne s'accomplit que parce que Dieu le commande ainsi. En effet, à peine le jugement de l'homme est-il formé, qu'avec ardeur, audace et impatience, il veut interroger l'avenir ; il sait qu'il existe un lendemain, c'est ce qui le distingue de la bête. Le *passé* disparu n'est plus qu'un songe pour lui ; le *présent* lui échappe dans une épouvantable rapidité ; cependant les *jours à naître* lui appartiennent encore, et dans son esprit envahisseur il veut en interroger le destin.

En vain Dieu lui a fait don, dans sa munificence, d'une clairvoyance singulière ; ce que l'on nomme pressentiment ne lui a été donné que pour le prémunir et le préserver souvent d'accidents fâcheux. Presque toujours sourd à cette voix que l'on pourrait dire inspirée par son bon génie, il se précipite en aveugle emporté par ses passions ; et commet des fautes souvent irréparables. Tous les hommes ne sont pas aptes à juger l'avenir ; de là, tant de chutes, désillusions, catastrophes. Mais il en est, on ne doit pas en douter, qui, par instinct naturel, peuvent juger les choses futures.

L'instinct naturel ne suffit pas, il reste informe, incomplet, s'il n'est secondé par la science.

Ces deux mots, instinct naturel et science, sont inséparables ; désunis, ils ne produisent que des étincelles sans éclats ; unis, ils produisent des merveilles ; et l'homme aime les merveilles ; plus il est élevé en intelligence, plus il les recherche.

La science divinatoire n'existe pas , dira-t-on ? Erreur, mille fois erreur ; elle existe, elle a toujours existé, elle remonte à la création, son origine se perd dans la nuit des temps. Mais, franchissant à travers les obstacles les erreurs des siècles, elle laissa chaque fois un lambeau aux secousses et révolutions qu'a subis notre globe : c'est pourquoi, de parfaite qu'elle était, elle devint incomplète de nos jours. Nier cette science, c'est nier Dieu, l'Écriture sainte ; c'est nier tout ce que nous possédons, en si grandioses souvenirs, des siècles passés ; autant nier l'existence des astres, du soleil, de la nature. Notre habitude, du reste, est de réfuter ce que nous ne pouvons comprendre.

L'homme naît prophète, comme il naît

artiste, médecin, avocat, soldat, poète, etc.
Le ciel départit ses faveurs diversement.
Croire à la divination n'est pas *supersti-
tion*, comme le disent ces prétendus esprits
forts, qui blâment cette science en public et
la consultent secrètement; c'est prudence...

L'homme qui s'épanouit au sein du bonheur s'inquiète si, sur sa tête, son étoile
restera brillante et le ciel toujours pur.
L'homme succombant sous le poids du
malheur, et battu par les flots d'une mer
orageuse, cherche à savoir si le vent de la
tempête s'appaisera. Notre XIXᵉ siècle, dans
son orgueil insensé, a cherché à nier la vérité des augures. Mais en vain de maladroits
imposteurs ont, dans leur ignorance, jeté
quelque ombre de ridicule sur cette étude
antique, elle renaîtra de ses cendres; elle
apparaîtra lumineuse sortant de la poussière
des temps, et de même qu'autrefois, elle
étonnera de son éloquence révélatrice le
monde attentif. Oui ! émanation précieuse
de la haute intelligence et du génie de tant

de grands hommes; science cultivée avec tant d'amour par les sages et les voyants des temps antiques ; disciples de Pythagore et de Zoroastre, vous renaîtrez, et le temps est proche où la trace à demi-effacée de vos traditions, nous éclairera, triomphante, agrandie encore par les lumineuses découvertes de la science moderne. Il faut espérer que la vérité quittera enfin les oripeaux de la fable, et sortira pure et brillante des langes de l'ignorance.

L'AVENIR.

Lancé dans l'univers, l'homme, inquiet, surpris,
S'interroge lui-même et sonde ses esprits.
Commençant de la vie l'incertaine carrière,
Dès qu'il en a franchi la terrible barrière,
Dans un sentier couvert des ombres de la nuit,
Le passé le délaisse et le présent le fuit;
L'avenir seul paraît. Charme de l'existence,
L'avenir est pour nous l'ancre de l'espérance;
C'est le flambeau sacré, c'est l'astre radieux
Près de qui nous conduit l'esprit mystérieux.
L'homme battu des flots, des vents, de la tempête,
Regarde l'avenir et relève sa tête.
Vainement par la mort sa barque est balancée:
L'avenir, dominant, en bannit la pensée.
Accablé de malheurs ou de prospérités,
Dans le sombre avenir l'homme voit des clartés;
Et par tous les moyens veut soulever les voiles
Qui dérobent aux yeux ses brillantes étoiles.
L'homme de tous les âges, l'homme de tous les rangs,
Cherche de l'avenir les secrets importants.
Religieux, sceptique, esprit fort, incrédule:

Chacun de l'avenir veut briser la cédule;
Et les peuples modernes, et les peuples anciens,
Nous en offrent l'exemple. On voit les Chaldéens,
Des antres consultant l'influente magie,
Dès les temps reculés fonder l'astrologie;
Les hébreux, invoquant le nom de l'Eternel,
Consulter l'avenir au pied de son autel;
L'Américain, l'Indien, le Scythe au cœur de bronze,
L'Arabe, ont leur devin, leur prêtresse, leur bonze;
Et la Grèce, et la Gaule, et le peuple romain,
Tous avaient leurs oracles. Le druide inhumain,
Dans les cœurs palpitants des humaines victimes,
Consultait sans frémir les volontés divines!…
Tous les peuples nomades, barbares ou savants,
De leurs pères ont reçu la foi des talismans.
Parmi tous nous voyóns les plus hauts personnages
Consulter les devins qui, sous le nom de sages,
Pénétrant la nature et son secret ressort,
Prédisaient l'avenir et planaient sur le sort.
Alexandre le Grand conjurait la sybille,
Numa son Egérie, et Tarquin Tanaquille,
Et César, et Sylla, Saül et Marius,
Interrogeaient Endor, Delphes, Trophonius.
Thémistocles, Platon, Socrate, Pythagore,
Etudiaient cet art qui chez nous dure encore,
Art dont la poésie toujours guidait les voix
Qui rendaient des oracles en de mystiques loix.
Enfin, en parcourant de l'Europe l'histoire,
Nous voyons ses héros, ses grands couverts de gloire,

Courbés sous les lauriers, consulter l'avenir ;
Chez de fameux devins tous on les voit courir.
Louis XI, Charles VII, Elisabeth, Gustave,
Louis-le-Grand, Catherine, Guillaume-le-Batave,
Tous avaient leurs savants dont les prédictions
Frappaient grands et petits de toutes nations.

. . . .

Ainsi marche toujours la frêle humanité.
Abattue par les maux, par la fatalité,
Abimée de douleurs, environnée d'orages,
Le soleil d'avenir dissipe ses nuages,
La flatte, l'éblouit et lui montre toujours
Et de plus heureux temps et de plus heureux jours.

EDMOND.

[illegible]
[illegible]
[illegible]
[illegible]
[illegible]
[illegible]

TALISMANS.

L'homme en naissant est sous l'influence directe de deux génies, un bon et un mauvais, le bien et le mal. Son existence est sans cesse combattue par eux, et il accomplit la destinée heureuse ou malheureuse que nous lui voyons subir.

Veux-t-on se trouver sans cesse sous l'influence de son bon génie et conjurer le mauvais? il faut, par des calculs faits sur le jour de la naissance, connaître le nom de ce génie, son signe, etc.; faire graver ces choses, ainsi que les 12 signes du zodiaque et les 7 principales planètes, sur une médaille composée des 7 métaux principaux se rapportant aux planètes et aux 7 jours de la semaine, ce qui doit être fait aux jours et heures propices à ce travail. Un talisman bien fait, selon le rite de la haute cabale, est un trésor précieux qu'on ne doit pas quitter.

UN MOT SUR LA CHIROMANCIE (1).

Nous portons avec nous notre destinée, depuis notre naissance jusqu'à la tombe; elle est écrite dans nos mains. Nos goûts, penchants, habitudes, vices, vertus. le bonheur, le malheur; tout ce qui peut arriver à l'homme s'y trouve tracé. (Cette science est aussi profonde et aussi compliquée que la médecine, car la main doit être analysée, par un chiromancien de la même manière qu'un médecin analyse le corps humain). Dieu dans sa grande bonté n'a pas créé un être aussi parfait que l'homme sans lui donner une parcelle de son pouvoir suprême; c'est-à-dire la connaissance de sa destinée, et il mit des signes dans nos mains afin que chacun pût la connaître. C'est ce

(1) La Chiromancie est l'art de prédire par l'inspection des lignes de la main gauche.

qu'enseigne la Chiromancie. On peut avec cette science juger l'espèce humaine, comme avec la botanique on connaît les plantes. La main de l'homme est ce que la feuille est à l'arbre, elles ont beaucoup de similitude à cause des renseignements qu'elles donnent par leur aspect. Telle feuille d'une plante, dira un botaniste, appartient à telle espèce, elle produit tel effet, fournit telles fleurs, tels fruits, elle s'épanouit et meurt à telle époque.

Un chiromancien dira par l'inspection de la main, le tempérament, le caractère de la personne à qui cette main appartient, les événements du passé et de l'avenir, la durée de l'existence, etc., etc.

Cette science ne repose pas sur des chimères et des données vagues, comme on pourrait à tort le supposer. Les grands maîtres en cet art ont établi leurs principes sur des données réelles, ils ont étudié les mains des personnes qui se sont fait remarquer en bien ou en mal et notèrent leurs observations. Ils entreprénaient bien souvent de longs voyages pour examiner les mains des personnes célèbres. La suite non interrompue de leurs mémoires formait une science que le vulgaire consultait avec un religieux empressement. Ainsi, je suppose qu'on ait reconnu dans les mains de trois personnes mortes dans l'eau un signe particulier, il est présumable qu'une quatrième personne vivante ayant le même signe finira dans l'eau. Le raisonnement est le même pour la bonne ou la mauvaise fortune, les honneurs, le sceptre, l'échafaud, etc. Ce n'est pas à moi de parler des prédictions que je formule journellement avec l'aide de cette science, je laisse le monde s'occuper de ce soin.

DE L'ASTROLOGIE.

L'Astrologie judiciaire prit naissance chez les peuples Chaldéens et son origine remonte à la plus haute antiquité.

Un raisonnement spécieux semble assez prouver la réalité de cette science difficile et profonde, qui est la mère de toutes les autres sciences augurales, et vouloir les pratiquer sans connaître l'astrologie, c'est vouloir lire sans connaître les lettres. Nous admettons l'influence des astres sur notre globe; la pression, l'empire du soleil, de la lune et des autres planètes sur la terre est une vérité reconnue maintenant de tout le monde. Cependant cette terre opaque habitée par nous est bien moins accessible que le corps humain, lui-même, à l'impression des corps atmosphériques. Ainsi, il est présumable que l'enfant, lorsqu'il vient à naître, à l'instant ou pour la première fois il aspire l'air vital, est tout-à-fait sous l'empire des astres qui dominent à l'horizon, et que son chétif individu incomplet encore, obéit comme une cire malléable, aux émanations échappées à ces mêmes astres tout-puissants sur lui. C'est ainsi que s'explique la puissance des sphères célestes sur la créature humaine.

Les anciens philosophes qui ne s'occupaient exclusivement que de l'étude du ciel, ont fait reposer les bases de l'astrologie sur une longue étude et sur des observations successives, faites et suivies avec le plus grand soin.

Ils commencèrent à noter la place qu'occupaient les astres au moment de la naissance d'un enfant; puis, suivant jour par jour les évènements de son existence, ses penchants bons ou mauvais; tous les évènements qui le concernaient, enfin, étaient inscrits avec attention, son histoire enregistrée jusqu'à sa mort, et ainsi gravée dans la mémoire des hommes, elle pût, avec facilité, être comparée à la vie de la seconde personne qui naquit dans les mêmes dispositions astrales.

Cette étude suivie et renouvelée servit de base à la science de l'Astrologie et la rendit compréhensible et praticable.

Sans doute il a fallu un grand nombre d'années, plusieurs siècles même s'écoulèrent pour donner une fondation solide et irrécusable à cette science ; bien des générations se succédèrent et disparurent dans la poussière avant qu'on pût la régulariser, et poser sur ces lumineux aperçus une conviction certaine.

Chaque astrologue transmettait avec le plus grand soin ses découvertes et ses remarques à ses successeurs ; ce fût ainsi que l'on parvint à poser les fondements de cette étude. Elle devint un merveilleux travail vers lequel l'imagination de l'homme se porta avec enthousiasme et une vive sympathie,

Cependant l'action du temps, les révolutions successives accomplies dans l'espèce humaine, amenèrent une perturbation dans l'étude de cette science ; et des fourbes habiles, n'hésitèrent pas à proclamer de faux oracles, livrèrent à la foule curieuse et attentive de prétendues prédictions dont le mensonge ne tarda pas à déverser l'incrédulité et le mépris sur cette étude, cultivée autrefois avec tant de soin et de prudence, et recueillie dans ses accents révélateurs avec un si profond respect.

MÉTHODE BASÉE SUR L'ASTROLOGIE

Pour connaître l'Avenir par la Cartomancie.

L'origine des cartes ne remonte pas au règne de Charles VI comme différents auteurs l'ont écrit à tort, et l'imagier de ce roi ne fit que les copier pour distraire ce prince dans sa démence, et il y fit des transformations. Car le jeu de Tarots ou livre de Thoth est d'origine Egyptienne, il remonte à plusieurs milliers d'années avant l'ère chrétienne. Il fut écrit par Thoth qui fut pour les anciens Egyptiens l'auteur de tous les livres connus. Ce Thoth fut l'Hermès céleste, ou l'intelligence divine personnifiée, le seul des êtres divins qui, dès l'origine des choses, comprit l'essence de ce Dieu suprême. Il y eut en Egypte des bibliothèques et des archives considérables sur les sciences augurales. Le livre de Thoth, ou *tout*, puisqu'il traite de tout : de Dieu, de la nature et de l'homme, est le seul des livres sacrés qui soit parvenu jusqu'à nous.

Dans le magnifique édifice appelé par l'antiquité grecque le tombeau d'Osyman-d'yas, il y avait une immense bibliothèque de livres sacrés, et sur sa porte on avait écrit *remède de l'âme.*

Ces livres renfermant les préceptes divins le plus essentiels, étaient l'objet constant de l'étude des prêtres ou des mages chargés d'en lire chaque jour quelque chapitre au roi et au peuple, c'est un peu de cette lecture que je vais faire dans l'exercice suivant.

Il est indispensable d'avoir le jeu de Tarots; je suppose donc l'avoir sous les yeux.

Ce jeu se compose de 78 cartes portant chacune deux significations, l'une *debout* et l'autre *renversée.*

N° 1, le consultant, ou l'homme qui consulte.

  2, signifie Éclaircissement ; — *renversé*, Feu.

  3, Propos ; — *renversé*, Eau.

  4, Dépouillement ; — Air.

  5, Voyage ; — Terre.

  6, Nuit ; — Jour.

  7, Appui ; — Protection.

  8, la consultante, ou la femme qui consulte.

  9, la Justice ; — le Légiste.

10, la Tempérance ; — le Prêtre.

11, la Force ; — le Souverain.

12, la Prudence ; — le Peuple.

13, le Mariage ; — Union.

14, Force majeure ; — Force mineure.

15, Maladie.

16, Jugement.

17, Mortalité ; — Néant.

18, Traître.

19, Prison ; — Misère.

20, Fortune ; — Augmentation.

24 , Dissension.

22, Homme de campagne ; — Homme bon et sévère.

23 , Femme de campagne ; — Bonne femme.

24 , Départ ; — Désunion.

25 , Étranger ; — Nouvelle.

26 , Trahison ; — Obstacle.

27, Retard ; — Traverses.

28 , Campagne ; — Dispute intérieure.

29, Pourparler ; — Indécision.

30 , Domestique ; — Attente.

31 , Or ; — Procès.

32 , Société ; — Prospérité.

33 , Entreprises ; — Interruption.

34 , Chagrin ; — Surprise.

35 , Naissance ; — Chute.

36 , Homme blond ; — Homme en place.

37 , Femme blonde ; — Femme en place.

38 , Arrivée ; — Friponnerie.

39 , Garçon blond ; — Penchant.

40 , la Ville ; — Courroux.

41 , Victoire ; — Sincérité.

42, Fille blonde ; — Satisfaction.

43, la Pensée ; — Projet.

44, le Passé ; — l'Avenir.

45, Héritage ; — Parent.

46, Ennui ; — Nouvelle connaissance.

47, Réussite ; — Expédition.

48, Amour ; — Désir.

49, Table ; — Changement.

50, Homme de robe ; — Homme méchant.

51, Veuvage ; — Méchante femme.

52, Militaire ; — Ignorant.

53, Espion ; — Imprévu.

54, Pleurs ; — Avantage.

55, Célibataire ; — Juste défiance.

56, Critique ; — Incident.

57, Espérance ; — Sages avis.

58, Route ; — Déclaration.

59, Perte ; — Deuil.

60, Solitude ; — Économie.

61, Éloignement ; — Égarement.

62, Amitié ; — Faux.

63, Extrême ; — Grossesse.

64, Homme brun ; — Vice.

65, Femme brune ; — Mal sûr.

66, Utilité ; — Inaction.

67, Garçon brun ; — Prodigalité.

68, la Maison ; — Loterie.

69, Effet ; — Duperie.

70, Fille brune ; — Avantage.

71, Argent ; — Inquiétude.

72, le Présent ; — Ambition.

73, Amant ; — Manque d'ordre.

74, Bienfait ; — Clôture.

75, Noble ; — Enfant.

76, Embarras ; — Lettre.

77, Parfait contentement ; — Bourse d'argent.

78, Folie.

Prenant en main ce jeu de cartes (1), je le mêle ; je le coupe de la main gauche si j'o-

___

(1) Comme le grand jeu des 78 tarots égyptiens est difficile à trouver, l'auteur se charge de le procurer aux personnes qui le désireront.

père pour moi, ou je fais couper la personne pour laquelle j'opère. Cela fait, je distribue mes cartes en 12 paquets, que je nomme les 12 maisons du zodiaque.

1re *maison.* — C'est celle de la vie; on y voit les principaux événements heureux ou malheureux qui doivent arriver dans le cours de l'existence.

2e *maison.* — C'est celle des biens, meubles, immeubles, possessions de toutes espèces, etc.

3e *maison.* — C'est la maison des frères et sœurs, cousins, alliés, associés, juges et prélats.

4e *maison.* — Des parents, père, mère, maisons, héritages; possessions et choses cachées.

5e *maison.* — Dite de bonne fortune, enfants, filles, neveux; leur inclination. Les messages, ambassades.

6e *maison.* — Dite de mauvaise fortune, de la santé ou de la maladie. Fausses accusations, témoignages, bannissements, servitudes.

7e *maison.* — Du mariage, des querelles, des guerres et des choses perdues.

8e *maison.* — De la mort, tristesse, ennuis, longs tourments, poisons; cette maison indique le genre de mort.

9e *maison.* — Des voyages, de la religion, foi, cérémonies, songes, pressentiments, divinations, prodiges, châtiment céleste.

10e *maison.* — Des honneurs, dignités, gouvernements, charges, des princes et des nobles.

11e *maison.* — Des amis, faveurs, aides, protections, compagnies, bonnes fortunes, etc.

12e *maison.* — Des ennemis, captivités, vengeances, trahisons, noirceurs, déceptions. La fin du consultant.

Les maisons qui sont bonnes sont les 1re, 5e, 10e et 11e.

Les moyennes sont les 2e, 3e, 4e et 9e.

Les mauvaises sont les 6e, 7e, 8e et 12e.

Une bonne carte dans une bonne maison devient meilleure, et perd de son heureuse influence dans une mauvaise.

En général, les maisons influent en bien ou en mal sur les cartes qui y tombent, selon leur qualité.

Voici quelques exemples pour faciliter la pratique de ma cartomancie astrologique.

Je suppose que dans la 2e maison, qui est celle des biens, meubles, immeubles et possessions de toutes espèces, il s'y trouve les cartes nos 19, 54, 4, 50 renversé, 67 renversé, 34, 78 ; je vois ici que le consultant est prodigue, qu'il ne possédera jamais rien, ou bien qu'il perdra son avoir, qu'il aura de grands chagrins, qu'il sera le jouet de la maladie, ou de la vengeance de méchantes gens qui le dépouilleront sans pitié ; alors il sera réduit à la misère, son moral sera atteint ; il deviendra aliéné. Le consultant serait donc perdu si cet oracle ne se trouvait modifié par les autres maisons ; il faut bien se garder de prononcer un tel oracle au premier coup d'œil ; on courrait le risque de se tromper lourdement ; car, s'il se rencontre de bonnes cartes dans les maisons 1re, 5e, 10e et 11e, elles annonceront de quelle manière la peine du consultant sera atténuée.

Je suppose encore que dans la 7e maison, qui est celle du mariage, il se trouve les cartes suivantes : nos 13, 23, 77 renversé, 20, 53, 47, 1 ; le consultant se mariera avec une femme de campagne ou étrangère ; ce mariage sera heureux ; un coup de fortune inattendu doublera encore la félicité du consultant.

Si dans la 10e maison, qui est celle des honneurs, dignités, gouvernemeuts, des charges, des princes, des nobles, etc., il se rencontre les cartes 7, 44 renversé, 75, 11 renversé, 9, 76 renversé, 20 ; le consultant s'élèvera à la postérité ; il aura une position supérieure même par la noblesse ;

il parlera aux souverains ou aux grands de la terre, dictera des lois ; son nom figurera dans de nombreux écrits, et il montera toujours, sans crainte de décadence.

C'est de l'intelligence de la personne qui tire les cartes que dépend la tournure des prédictions ; il faut savoir les lier ensemble, les composer, les décomposer, afin de former un discours suivi, sans ambiguïté. Il ne faut pas toujours s'en rapporter au premier mot de chaque carte ; ce mot a des synonymes dans lesquels on a la faculté de choisir pour donner plus de sens à un oracle. (Voir, à la fin de l'ouvrage, la liste des principaux synonymes.)

Cette manière de tirer les tarots est très facile ; elle n'est pas encore parue jusqu'à ce jour. Elle fera plaisir, j'ose l'espérer, aux amateurs des sciences divinatoires ; ce n'est cependant qu'un atome détaché de la masse de l'art auquel j'initierai mes lecteurs dans d'autres ouvrages ; je ne leur promets rien, mais je me propose de les instruire, de les distraire, de les étonner en leur donnant le *remède de l'âme.*

Je n'ai eu nullement la prétention de faire un cours de science dans ce petit ouvrage : ce n'est qu'un léger et vague coup d'œil que je laisse donner sur le temple de l'Avenir, où petit à petit, avec précaution, et secondé par la vérité, je ferai entrer mes lecteurs.

Horoscope pour servir d'exemple.

Dans la 1ʳᵉ maison : nᵒˢ 16 renversé, 78, 19 renversé, 37 renversé, 15, 62, 6.

On voit ici que le manque de jugement que le consultant a eu dans sa jeunesse l'a entraîné à commettre de grandes extravagances; il a été en prison, cette détention n'a pas été longue, le motif n'était qu'une étourderie. Il aura pour amie une femme puissante, un mystère l'enchaînera à cette femme; les maladies qu'il aura pendant sa vie seront presque toutes causées par sa vivacité, sa pétulance.

Dans la 2ᵉ *maison :* nᵒˢ 28, 45, 3 et 60 renversés, 30, 64 renversés, 5, 8.

Il aura beaucoup de biens immeubles, provenant la plupart d'héritages, il aura pour intendant dans une propriété située sur le bord de l'eau un homme vicieux qui le dupera et disparaîtra tout-à-coup, laissant les biens du consultant dans un grand désordre (avertissement d'être prudent).

Dans la 3ᵉ *maison :* nᵒˢ 55, 14, 56 et 51 renversé, 34 52, 59.

Le consultant a eu deux frères et une sœur. L'un de ses frères, qui brilla dans la carrière militaire, est mort, il en a éprouvé une peine profonde, cet événement a plongé sa famille dans un grand deuil. L'autre frère est un prélat illustre qui doit briller par son génie. Quant à la sœur du consultant, c'est une méchante femme, qui donnera beaucoup de chagrin à tous, sa malice fera parler d'elle.

Dans la 4ᵉ maison : nᵒˢ 23 et 12 renversés, 50, 54, 26, 21, 35 renversé.

Le père du consultant était homme de robe légiste, il mourut d'une mort violente en cherchant à apaiser des troubles populaires ou une émeute, il fut lâchement trahi. Quant à sa mère, c'est une bonne femme qui dans le présent pleure sur ses malheurs. Le consultant agira souvent en parlementaire; il doit se défier des chutes (1).

Il faut opérer de même jusqu'à l'entier épuisement du jeu. Je crois inutile de mettre d'autres exemples sous les yeux de mes lecteurs, ils pourront en faire eux-mêmes, et leur habileté deviendra d'autant plus grande qu'ils seront plus attentifs.

---

(1) Il est certain que si on n'a pas sous les yeux les cartes que j'indique, on ne comprendra pas ce que je veux dire.

CALCULS

SUR LE

Chiffre du Malheur.

Le mot *malheur* se compose de sept lettres, qui, prises selon la valeur numérale que leur donne leur rang dans l'alphabet, produisent les nombres suivants :

M	13
A	1
L	12
H	8
E	5
U	21
R	18

Total, 78. 7 + 8 = 15.

L'addition des chiffres du total 7 et 8 donne le nombre 15, que je dis être le chiffre du malheur.

Toutes les années, les noms de baptême,

de pays, de choses, etc., produisant ce nombre, sont soumis à la fatalité du chiffre du mal.

Quelques exemples fournis par l'histoire.

Jean-le-Bon mourut captif dans la quinzième année de son règne.

Les lettres de son nom donnent le chiffre fatal :

J	10
E	5
A	1
N	14
L	12
E	5
B	2
O	15
N	14

Total, 78. 7 + 8 = 15

La bataille de Poitiers, où ce roi fut fait prisonnier, et dans laquelle périt l'élite de la noblesse française, eut lieu en l'an 1356 :

$$1$$
$$3$$
$$5$$
$$6$$
—

Total, 15, chiffre fatal.

Édouard III, vainqueur à Crécy, s'empare de Calais en 1347 :

$$1$$
$$3$$
$$4$$
$$7$$
—

Total, 15

En 1383, Paris, troublé par la sédition des Maillotins, est ensanglanté par les représailles de Charles VI :

$$1$$
$$3$$
$$8$$
$$3$$
—

Total, 15

Jean - sans - Peur, duc de Bourgogne, meurt assassiné en 1419 :

$$1$$
$$4$$
$$1$$
$$9$$

Total, 15

En 1428, les Anglais mettent le siége devant Orléans, et la France est presqu'au pouvoir des Anglais :

$$1$$
$$4$$
$$2$$
$$8$$

Total, 15

En 1545, massacre des Vaudois :

$$1$$
$$5$$
$$4$$
$$5$$

Total, 15

En 1572, massacre de la Saint-Barthélemy.

$$
\begin{array}{r}
1 \\
5 \\
7 \\
2 \\
\hline
\end{array}
$$

Total, 15

Saint-Barthélemy, mots de 15 lettres.

En 1716, fut créée la banque de Law qui
bouleversa toutes les fortunes :

$$
\begin{array}{r}
1 \\
7 \\
1 \\
6 \\
\hline
\end{array}
$$

Total, 15

Le 15 juin de l'an xv du xıxᵉ siècle, Napoléon, qui était né un 15 août, fut vaincu
à Waterloo, et je vois encore là le chiffre du
malheur :

$$
\begin{array}{r}
1 \\
8 \\
1 \\
5 \\
\hline
\end{array}
$$

Total. 15

Louis XVIII mourut en 1824 :

1
8
2
4
——
Total,   15

Le duc d'Orléans mourut en 1842 :

1
8
4
2
——
Total,   15

L'année 1851 était soumise au chiffre du malheur :

1
8
5
1
——
Total,   15

Les années bissextiles de 366 jours sont soumises au chiffre du malheur :

$$
\begin{array}{r}
3 \\
6 \\
6 \\
\hline
\end{array}
$$

Total,   15

Chiffre du Bonheur.

Le mot bonheur décomposé, donne le résultat suivant :

B	2
O	15
N	14
H	8
E	5
U	21
R	18

83. $8 + 3 = 11$, chiffre du bonheur.

En 1451. Dunois s'empare de la Guyenne,

et les Anglais sont à jamais expulsés du territoire de France :

$$1$$
$$4$$
$$5$$
$$1$$

Total, 11

Louis XI fut le plus grand politique de son temps, la France fut heureuse et respectée sous son règne ; la féodalité seule eut à souffrir de la tyrannie. Ce roi commença à se faire remarquer en 1460 :

$$1$$
$$4$$
$$6$$
$$0$$

Total, 11

En 1604, l'ordre est rétabli dans les finances de l'État, par les soins de Sully, et

le gouvernement de Henri IV est enfin af-
fermi :

$$
\begin{array}{r}
1 \\
6 \\
0 \\
4 \\
\hline
\end{array}
$$

Total, 11

Louis XIV, dont la carrière fut si longue,
si prospère et si glorieuse, avait un nom
marqué au chiffre du bonheur :

L	12
O	15
U	21
I	9
S	19
L	12
E	5
G	7
R	18
A	1
N	14
D	4

$$137. \quad 1 + 3 + 7 = 11.$$

Malgré la désastreuse expédition de Saint-

Domingue, l'année 1802 est remarquable par le traité de paix entre la France et l'Angleterre, et par le concordat entre le pape Pie VII et le premier consul :

$$\begin{array}{r} 1 \\ 8 \\ 0 \\ 2 \\ \hline \end{array}$$

Total, 11

Quelques revers que Napoléon ait éprouvés à la fin de sa carrière, il était né sous une heureuse étoile celui qui s'éleva au rang suprême par la seule force de son génie, et laissa dans l'histoire d'impérissables traces de son passage :

N	14
A	1
P	16
O	15
L	12
E	5
O	15
N	14

Total, 92. $9 + 2 = 11$.

Le chiffre cabalistique 11 influa doublement sur la bataille de Denain qui sauva la France en 1712 :

	D	4
	E	5
1	N	14
7	A	1
1	I	9
2	N	14
—		—

Total, 11.   Total, 47. 4 + 7 = 11.

L'année 1703 est une année de triomphes :

1
7
0
3
—

Total, 11

Les calculs faits sur l'histoire sont innombrables, je ne crois pas devoir les rapporter ici.

———

LISTE

DES PRINCIPAUX SYNONYMES

des 78 cartes du livre de Thoth.

—

N° **1**, *debout :* cette carte signifie : L'homme qui consulte, Dieu, Esprit central, chaos, méditation, réflexion, contention d'esprit ; *renversée :* L'univers, masse générale, le consultant, inquiétude.

2, *debout :* Lumière, explication, clarté, gloire ; *renversée :* Feu, chaleur, lueur, passion, foudre.

3, *debout :* Propos, conversation, discours, médisance, calomnie, délibération, arrêté ; *renversée :* Eau, fluide, pluie, mer, fleuve, rivière, lac, marais, pièce d'eau, émanation, frimas, neige, exhalaison, instabilité, inconstance, silence, murmure, patient.

4, *debout* : Dépouillement, privation, abandon, vol, perte, séparation, manque de secours; *renversée* : Air, vent, climat, ciel, ton, manière, affectation, physionomie, ressemblance, arrogance, hauteur, importance, chant, musique.

5, *debout* : Voyage, route, course, déplacement, circulation ; *renversée* : Terre, boue, terrain, campagne, aspect, permanence, inertie, animaux, brute, tombeau, cendres, poussière.

6, *debout* : Nuit, mystère, secret, caché, inconnu, menée sourde, difficulté, erreur, ignorance ; *renversée* : Jour, splendeur, vérité, publier, se faire jour, s'éclaircir, ouverture, expédient.

7, *debout* : Appui, raison, cause, fondement, sécurité, aide, assistance, consolation ;

renversée : Protection, influence, bonté, charité, crédit, autorisation.

8, *debout* : La femme qui consulte l'oracle de la cartomancie ; *renversée* : Elle n'est pas dans son état naturel, ou elle a de l'inquiétude.

9, *debout* : Justice, probité, rectitude, raison ; *renversée* : Légiste, lois, code, statuts, préceptes.

10, *debout* : Tempérance, frugalité, chasteté, économie, accommodement, égard, considération ; *renversée* : Prêtre, ministre, sacerdoce, clergé, Église, religion.

11, *debout* : Force, héroïsme, courage, grandeur, puissance, empire, ascendant, patience ; *renversée* : Souverain, royaume, administration, règne, despotisme, peuple, nation.

12, *debout* : Prudence, réserve, sagesse, retenue, prévoyance, pressentiment, pro-

phète; *renversée* : Peuple, nation, corps
politique, populace.

13, *debout* : Mariage, union, lien, alliance, chaîne, esclavage, servitude, captivité; *renversée* : Union, alliage, mélange,
paix, accord, harmonie, bonne intelligence.

14, *debout* : Force majeure, efforts, puissance, vertus, impulsion, élans de génie,
ravage, violence, travail; *renversée* : Force
mineure, légèreté, faiblesse, petitesse, dé-
faillance.

15, *debout* : Maladie, douleur, mal, dé-
plaisir, dommage, désastre ; *renversée* :
Maladie morale, position fâcheuse, disgrâce,
inquiétude, médecin.

16, *debout* : Jugement, intelligence; bon
sens, vue, pensée, opinion, sentiment; *renversée* : Jugement, arrêt, décision, simpli-
cité.

17, *debout* : mortalité, destruction, fin, altération ; *renversée* : Néant, inertie, sommeil, léthargie, anéantissement.

18, *debout* : Traître, hypocrisie, séduction, déguisement, imposture, ruse ; *renversée* : Traître, solitaire, caché, dissimulé, politique, fin.

19, *debout* : Détresse, misère, adversité, affliction, désagrément, punition, revers, disgrâce, sévérité, châtiment ; *renversée* : Captivité, prison, tyrannie, chaîne, sujétion.

20, *debout* : Fortune, bonheur, prospérité, bénéfices, grâces, sort ; *renversée* : Augmentation, surcroît, croissance, production.

21, *debout* : Dissension, guerre, émeute, bruit, orgueil, colère, vanité, faste, violence, audace, injure, vengeance ; *renversée* : Dissension, querelle, contestation, tapage, différend, débats.

22, *debout* : Homme de campagne, agri-

culture, conscience, probité; *renversée*:
Homme bon et sévère, indulgence, tolérance.

23, *debout* : Femme de campagne, économie, honnêteté, douceur, vertu, honneur,
chasteté; *renversée* : Bonne femme, obligeance, bonté, bienfait, service.

24, *debout* : Départ, déplacement, changement, abandon, fuite; *renversée* : Désunion, partage, division, querelle, interruption.

25, *debout* : Étranger, extraordinaire,
surprenant, anonyme; *renversée*: Nouvelle,
annonce, avertissement, enseignement.

26, *debout* : Trahison, ruse, noirceur,
fausseté, imposture; *renversée*: Obstacle,
contrariété, travail, chicane, empêchement.

27, *debout* : Retard, délais, lenteur, sus-
pension; *renversée* : Traverse, obstacle,
peine, adversité, malheurs.

28, *debout* : Campagne, biens ruraux, culture, vie champêtre, paix, réjouissance, voyage, campagne de guerre ; *renversée* : Irrésolution, disputes intestines, regrets, doute, scrupule, rémords.

29, *debout* : Pourparler, conférence, paroles, marché, trafic, causer, diviser ; *renversée* : Indécision, hésiter, légèreté, variété.

30, *debout* : Domestique, serviteur, esclave, messager, famille ; *renversée* : Attente, espoir, prévoyance, crainte, se promettre.

31, *debout* : Or, richesse, luxe, bien, abondance, éclat ; *renversée* : Procès, litige, démêlés, disputes, poursuite, contradiction, inconséquence.

32, *debout* : Société, liaison, réunion, foule, armée, compagnie, pacte, traité ; *renversée* : Prospérité, succès, réussite, beauté, bonheur.

33, *debout* : Entreprises, audace, impudence, témérité, effort, tentative, s'emparer ; *renversée* : Interruption, fin, relâche, repos.

34, *debout* : Chagrin, tristesse, humiliation, dépit, fâcherie ; *renversée* : Surprise, émotion, effroi, admiration, duplicité.

35, *debout* : Naissance, commencement, origine, principe, raison, famille, occasion, condition, premier ; *renversée* : Chute, déclin, faillite, ravage, faute, méprise, détour, abîme, tomber.

36, *debout* : Homme blond, honnête, équité, arts, sciences ; *renversé* : Homme en place, honnête ou malhonnête, selon les cartes qui l'accompagnent ; injustice, vol, vice, corruption, scandale.

37, *debout* : Femme blonde, vertu, sagesse, honnêteté ; *renversée* : Femme en place (même explication que la carte précédente).

38, *debout* : Arrivée, accueil, accès, approche, affluence, comparaison ; *renversée* : Friponnerie, ruse, finesse, tricherie, irrégularité, noirceur.

39, *debout* : Garçon blond, étude, travail, métier, emploi ; *renversée* : Penchant, pente, affection, désir, séduction, flatterie, invitation, éloge, qui menace ruine ou touche à sa fin.

40, *debout* : La ville, patrie, résidence, lieu, site ; *renversée* : Courroux, indignation, haine, danger, orage, affront, vengeance, cruauté.

41, *debout* : Victoire, gain, réussite, supériorité, appareil, spectacle ; *renversée* : Sincérité, vérité, loyauté, candeur, licence, hardiesse.

42, *debout* : Fille blonde, honneur, retenue, crainte, agrément ; *renversée* : Satisfaction, bonheur, fête, excuse, réparation, préparatif.

43, *debout* : La pensée, esprit, imagination, opinion, sentiment, vue ; *renversée* : Projet, résolution, désir, volonté.

44, *debout* : Le passé, ancien, vieillesse, flétri, antiquité ; *renversée* : Avenir, après, ensuite, régénération, renouvellement.

45, *debout* : Héritage, don, dot, testament, révolution, cabale ; *renversée* : Parent, famille, race, alliance, rapport, liaison.

46, *debout* : Ennui, aversion, haine, inquiétude, affliction, chagrin ; *renversée* : Nouvelles connaissances, instruction, lumière, indice, présage, instruction, nouveauté, prédiction.

47, *debout* : Réussite, science, victoire, guérison, soulagement, fin ; *renversée* : Expédition, dépêche, conclusion, terminaison.

48, *debout* : Amour, amitié, passion, attrait, goût, attraction ; *renversée* : Désir,

souhait, volonté, envie, illusion, concupis-
cence.

49, *debout* : Table, nourriture, convives,
invitation, hôtel, abondance, loi, durée,
persistance, courage, peinture, portefeuille,
bureau; *renversée*: Changement, vicissitude,
commerce, traité, renversement, interpré-
tation.

50, *debout* : Homme de robe, sénateur,
médecin; *renversée* : Homme méchant, per-
fidie, crime, Méchanceté, cruauté.

51, *debout* : Veuvage, viduité, absence,
privation, pauvreté, vacant, libre, oisif;
renversée : Méchante femme, artifice, malice, bigoterie, hypocrisie.

52, *debout* : Milice, guerre, dispute,
haine, ruine, opposition, valeur; *renversée*:
Ignorance, sottise, ineptie, imprudence, es-
croquerie, ridicule.

53, *debout* : Espion, amateur, examen,

improviser, étonnant, artiste, noté ; *renversée* : Imprévu, soudain, fortuit, subit, surprenant.

54, *debout* : Pleurs, plaintes, chagrins, douleurs, désolation ; *renversée* : Avantage, profit, succès, grâce, ascendant, puissance.

55, *debout* : Ecclésiastique, célibat, temple, dévotion, virginité ; *renversée* : Juste défiance, méfiance, conjecture, scrupule, honte, pudeur.

56, *debout* : Critique, blâme, mépris, examen, crise, temps critique ; *renversée* : Incident, difficulté, retard, chicane, malheur, disgrâce.

57, *debout* : Espérance, attente, volonté, souhait, goût, fantaisie ; *renversée* : Sages avis, leçon, pensée, réprimande, observation.

58, *debout* : Route, marche, traite, prévenance, exemple, moyen, envoi ; *renversée* :

Déclaration, publication, dénonciation, aveu, découverte, vision.

59, *debout* : Perte, avarie, détriment, tort, ruine, déroute, honte, affront, vol, opprobre, difformité, libertinage ; *renversée* : Deuil, peines d'esprit, chagrin, funérailles, enterrement.

60, *debout* : Solitude, abandon, isolé, proscrit, tombeau ; *renversée* : Économie, discrétion, ordre, avarice, musique, accord, sagesse, précaution.

61, *debout* : Éloignement, départ, retard, antipathie, division ; *renversée* : Égarement, démence, écart, erreur, perte, distraction.

62, *debout* : Amitié, relation, intimité, correspondance, bienveillance ; *renversée* : Faux, mensonge, tromperie, imposture, mauvaise foi.

63, *debout* : Grossesse, fructification, production, agrandissement ; *renversée* : Extrême, grand, outré, passion, colère, bornes, dernier.

64, *debout* : Homme brun, commerçant, professeur ; *renversée* : Vice, défaut, faiblesse, laideur, difformité.

65, *debout* : Femme brune, luxe, certitude, confiance, liberté, franchise ; *renversée* : Mal sûr, indécision, doute, peur, timidité, suspens.

66, *debout* : Utilité, avantage, profit, important, nécessaire ; *renversée* : Inaction, paix, tranquillité, paresse, découragement, récréation, insouciance.

67, *debout* : Garçon brun, étudiant, amateur, occupation ; *renversée* : Prodigalité, profusion, bienfait, foule, abondance, pillage.

68, *debout* : La maison, logis, économie, famille, vaisseau, vase ; *renversée* : Loterie, lot, jeu, fortune, hasard, sort, destinée.

69, *debout* : Effet, conséquence, suite, biens, fin; *renversée* : Duperie, fraude, erreur, ruse, infidélité.

70, *debout* : Fille brune, politesse, obligeance, accueil, mœurs, naturel; *renversée* : Avantage, plus, usure, avarice, orgueil, vanité.

71, *debout* : Argent, richesse, blancheur, candeur, purification; *renversée* : Inquiétude, chagrin, soin, attention, doute, soupçon.

72, *debout* : Le présent, maintenant, témoin, vigilance, soin; *renversé* : Ambition, désir, vœu, passion, jalousie, illusion.

73, *debout* : Amant, ami, amateur, époux, adorer, bienséance; *renversée* : Manque d'ordre, confusion, ruine, discorde, libertinage.

74, *debout* : Bienfait, présent, grâce, don, service; *renversée* : Clôture, enceinte, cloître, fixé, fin, barrière, retard.

75, *debout* : Noble, important, célèbre, vaste, élevé, splendeur ; *renversé* : Enfant, puérilité, abaissement, rejeton, petit, chétif, bas.

76, *debout* : Embarras, tracas, obscurité, inquiétude, agitation ; *renversée* : Lettre, écrit, ouvrage, livre, missive, caractère, principe.

71, *debout* : Parfait, contentement, joie, bonheur, réussite, merveille ; *renversée* : Bourse d'argent, capital, trésor, rare, cher, précieux.

78, *debout* : Folie, démence, rage, enthousiasme, innocent, niais ; *renversée* : Folie, bêtise, négligence, distraction, néant, rien, vain.

Ici se termine mon aperçu sur les principales sciences augurales : je ne suis encore qu'au portique du temple de la science de la divination, à laquelle mes autres ouvrages doivent initier les lecteurs.

FIN.

PARIS. — Impr. Lacour et Cie, rue Soufflot, 18.

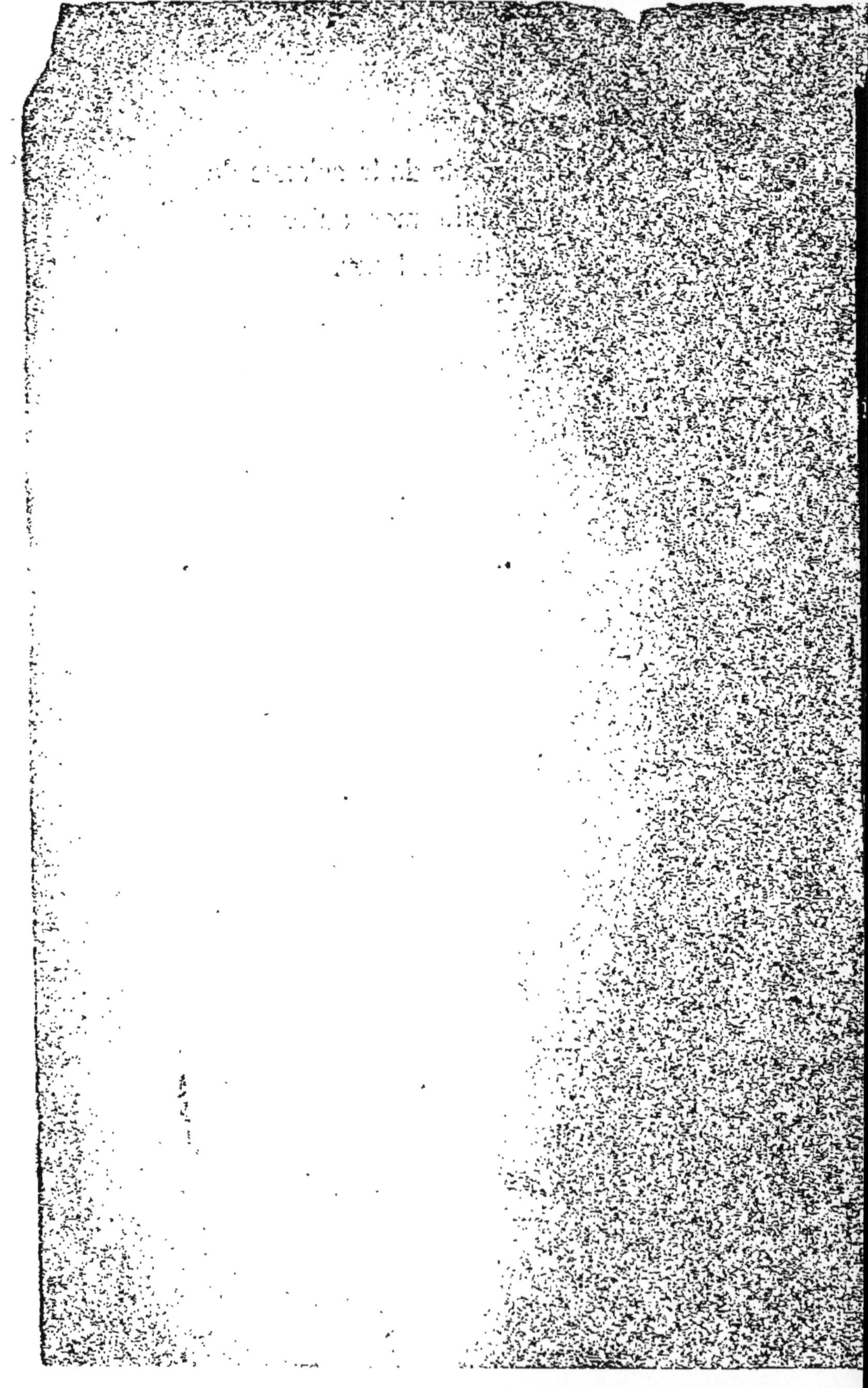

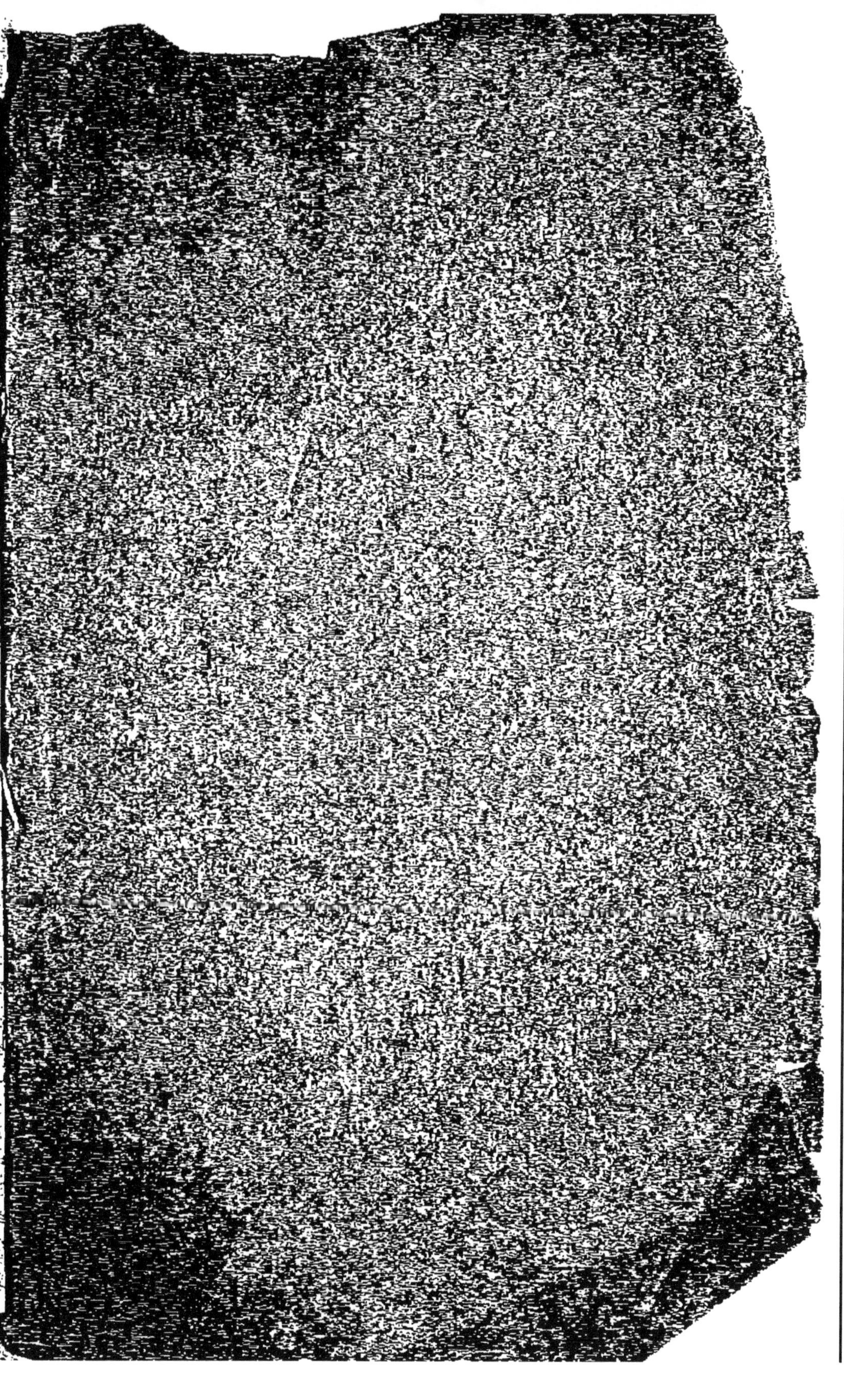